AF221968

Impressum
Verlag: BABADADA GmbH, Nedderfeld 112 , 22529 Hamburg
Geschäftsführer / Verlagsleitung: Harald Hof
Druck: Books on Demand GmbH, In de Tarpen 42, 22848 Norderstedt

Imprint
Publisher: BABADADA GmbH, Nedderfeld 112 , 22529 Hamburg, Germany
Managing Director / Publishing direction: Harald Hof
Print: Books on Demand GmbH, In de Tarpen 42, 22848 Norderstedt

école

школа

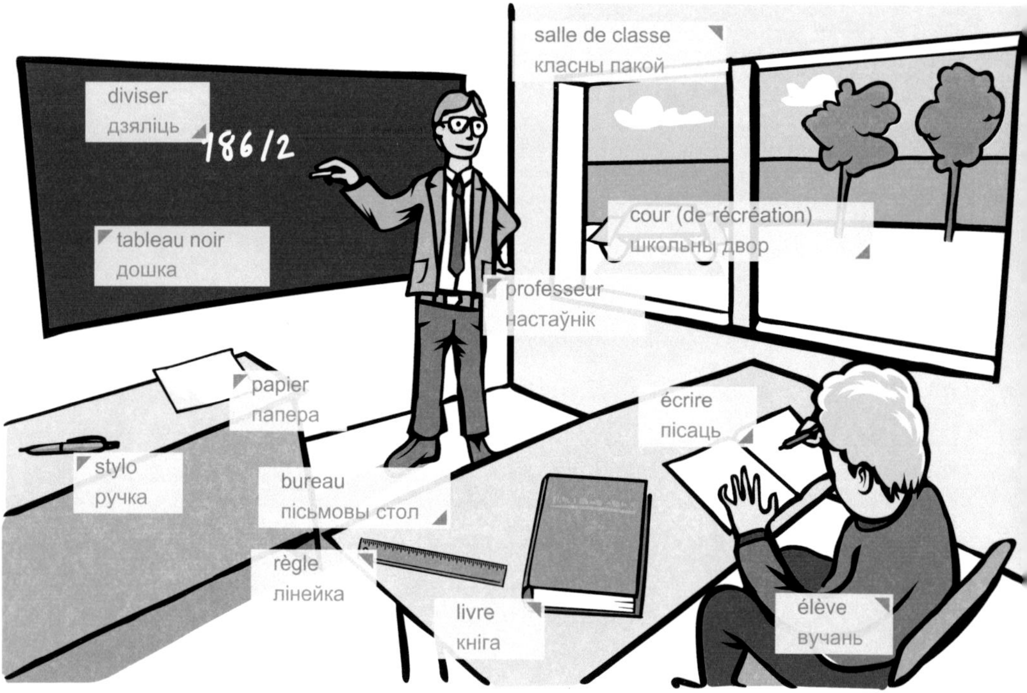

salle de classe
класны пакой
diviser
дзяліць
186/2
tableau noir
дошка
cour (de récréation)
школьны двор
professeur
настаўнік
papier
папера
écrire
пісаць
stylo
ручка
bureau
пісьмовы стол
règle
лінейка
livre
кніга
élève
вучань

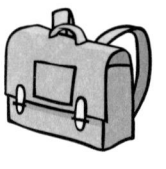

cartable

ранец

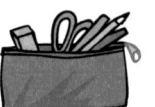

trousse

пенал

crayon

просты аловак

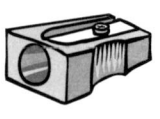

taille-crayon

тачылка для алоўкаў

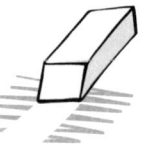

gomme

гумка

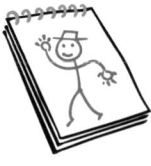

carnet à dessin

альбом для малявання

dessin

малюнак

pinceau

пэндзлік

boîte de peinture

фарбы

ciseaux

нажніцы

colle

клей

cahier d'exercices

сшытак

devoirs

хатняе заданне

chiffre

лік

additionner

дадаваць

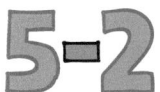

soustraire

адымаць

multiplier

множыць

calculer

лічыць

lettre

літара

alphabet

алфавіт

mot

слова

texte

тэкст

lire

чытаць

craie

крэйда

leçon

ўрок

livre de classe

класны журнал

examen

экзамен

certificat

атэстат

uniforme scolaire

школьная форма

formation

адукацыя

lexique

энцыклапедыя

université

універсітэт

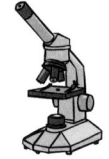

microscope

мікраскоп

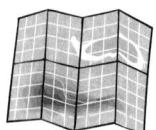

carte

карта

corbeille à papier

смеццевы кошык

voyage
падарожжа

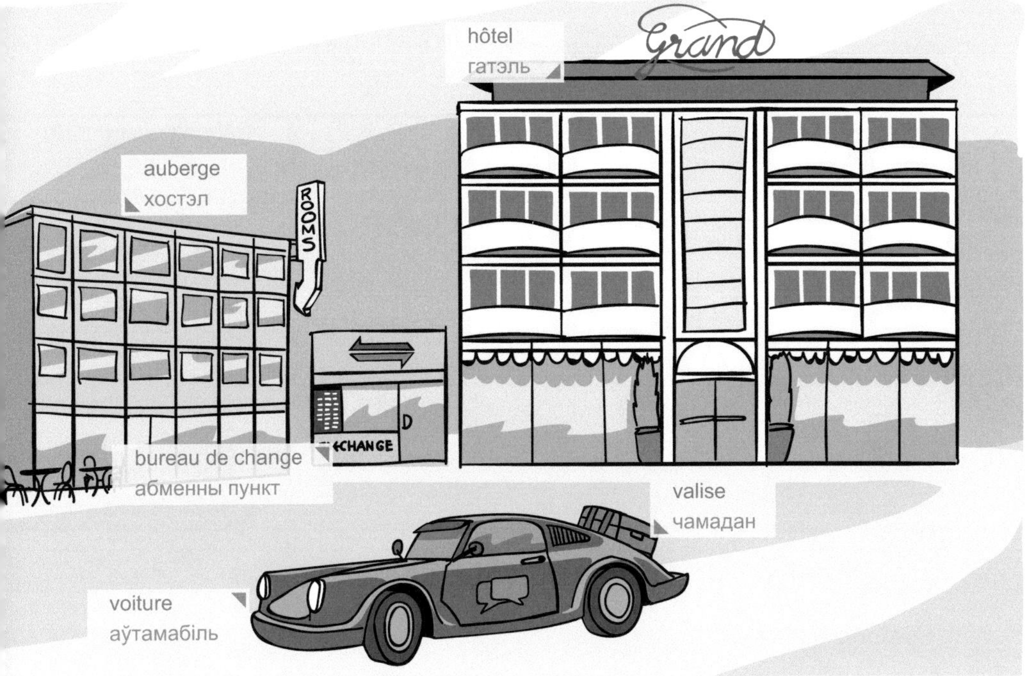
Grand
ROOMS
hôtel
гатэль
auberge
хостэл
bureau de change
абменны пункт
valise
чамадан
voiture
аўтамабіль

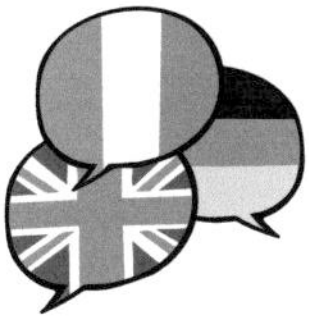

langue
мова

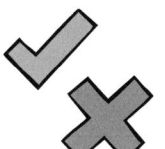

oui / non
так / не

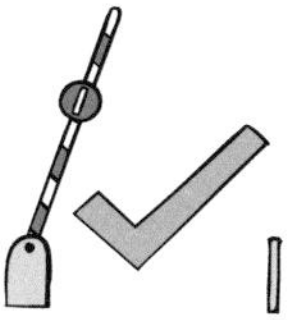

d'accord
добра

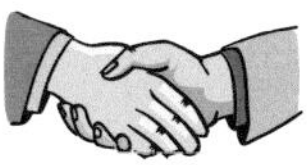

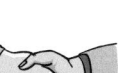

Salut
прывітанне!

interprète
перакладчык

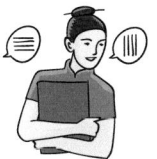

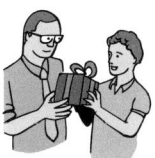

merci
дзякуй

Combien coûte...?

Колькі каштуе....?

Je ne comprends pas

я не разумею

problème

праблема

Bonsoir !

Добры вечар!

Bonjour !

Добрай раніцы!

Bonne nuit !

Дабранач!

Au revoir

да пабачэння

direction

кірунак

bagages

багаж

sac

сумка

sac-à-dos

заплечнік

hôte

госць

pièce

пакой

sac de couchage

спальны мяшок

tente

палатка

office de tourisme

нфармацыя для турыстаў

plage

пляж

carte de crédit

крэдытная картка

petit-déjeuner

снеданне

déjeuner

абед

dîner

вячэра

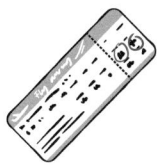

billet

праязны білет

ascenseur

ліфт

timbre

паштовая марка

frontière

мяжа

douane

мытня

ambassade

пасольства

visa

віза

passeport

пашпарт

transport
транспарт

avion
самалёт

navire
карабель

véhicule de pompiers
пажарная машына

bus
аўтобус

camion
грузавік

bateau à moteur
маторная лодка

bicyclette
ровар

voiture
аўтамабіль

ferry

паром

barque

лодка

moto

матацыкл

voiture de police

паліцэйская машына

voiture de course

гоначны аўтамабіль

voiture de location

арэндаваны аўтамабіль

auto-partage

сумеснае карыстанне аўтамабілем

voiture de remorquage

эвакуатар

benne à ordures

смеццявоз

moteur

матор

essence

паліва

station d'essence

запраўка

panneau indicateur

дарожны знак

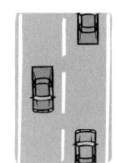

trafic

дарожны рух

embouteillage

затор

parking

паркоўка

gare

чыгуначная станцыя

rails

рэйкі

train

цягнік

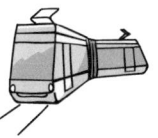

tramway

трамвай

wagon

вагон

hélicoptère

верталёт

aéroport

аэрапорт

tour

вежа

passager

пасажыр

conteneur

кантэйнер

carton

кардонная скрыня

chariot

тачка

corbeille

карзіна

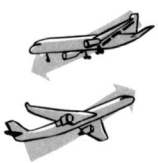

décoller / atterrir

ўзлятаць / прызямляцца

ville

горад

village

вёска

centre-ville

цэнтр горада

maison

дом

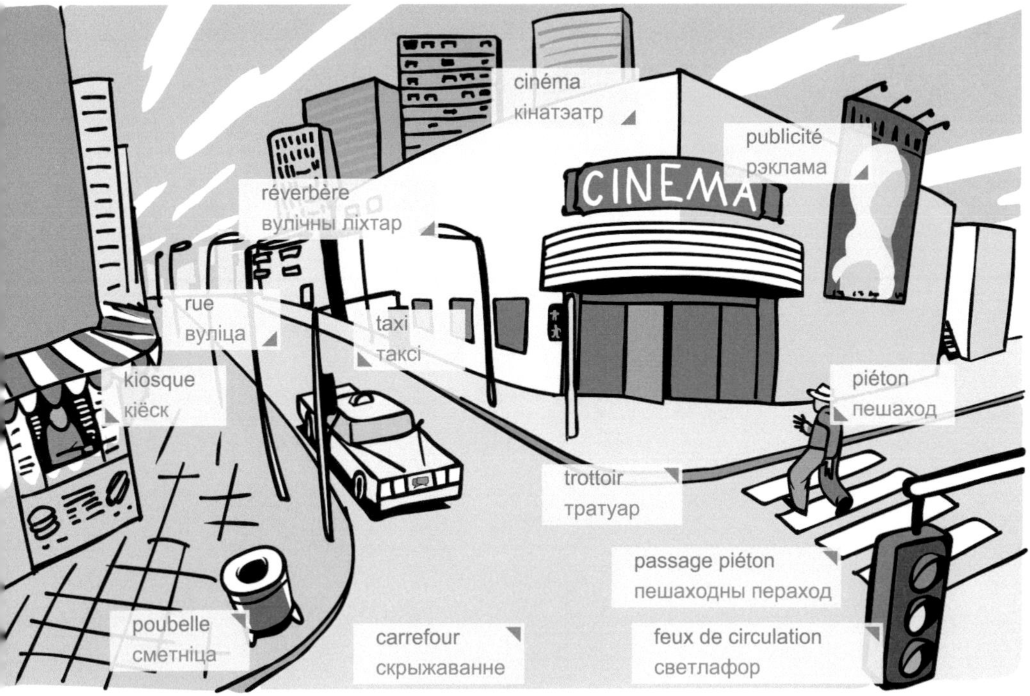

cinéma
кінатэатр

publicité
рэклама

réverbère
вулічны ліхтар

CINEMA

rue
вуліца

taxi
таксі

piéton
пешаход

kiosque
кіёск

trottoir
тратуар

passage piéton
пешаходны пераход

poubelle
сметніца

carrefour
скрыжаванне

feux de circulation
светлафор

cabane

халупа

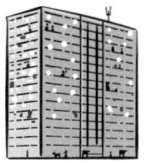

appartement

кватэра

gare

чыгуначная станцыя

mairie

ратуша

musée

музей

école

школа

université

універсітэт

banque

банк

hôpital

шпіталь

hôtel

гатэль

pharmacie

аптэка

bureau

офіс

librairie

кнігарня

magasin

крама

fleuriste

кветкавая крама

supermarché

супермаркет

marché

кірмаш

grand magasin

універмаг

poissonnerie

рыбная крама

centre commercial

гандлевы цэнтр

port

порт

parc

парк

banque

лава

pont

мост

escaliers

лесвіца

métro

метро

tunnel

тунэль

arrêt de bus

прыпынак

bar

бар

restaurant

рэстаран

boîte à lettres

паштовая скрыня

panneau indicateur

вулічны паказальнік

parcmètre

паркамат

zoo

заапарк

piscine

басейн

mosquée

мячэць

ferme

сядзіба

pollution

забруджванне
навакольнага асяроддзя

cimetière

могілкі

église

царква

aire de jeux

пляцоўка для гульні

temple

храм

paysage
краявід

feuille
ліст

panneau indicateur
паказальнік

chemin
дарога

pré
луг

pierre
камень

arbre
дрэва

randonneur
падарожнік

rivière
рака

herbe
трава

fleur
кветка

vallée

даліна

montagne

гара

lac

возера

forêt

лес

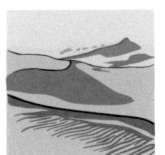

désert

пустыня

volcan

вулкан

château

замак

arc-en-ciel

вясёлка

champignon

грыб

palmier

пальма

moustique

камар

mouche

муха

fourmis

мурашка

abeille

пчала

araignée

павук

coléoptère

жук

grenouille

жаба

écureuil

вавёрка

hérisson

вожык

lièvre

заяц

chouette

сава

oiseau

птушка

cygne

лебедзь

sanglier

дзік

cerf

алень

élan

лось

barrage

пляціна

éolienne

вятрак

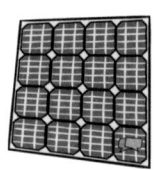

panneau solaire

сонечная батарэя

climat

клімат

restaurant
рэстаран

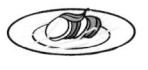

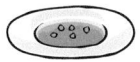

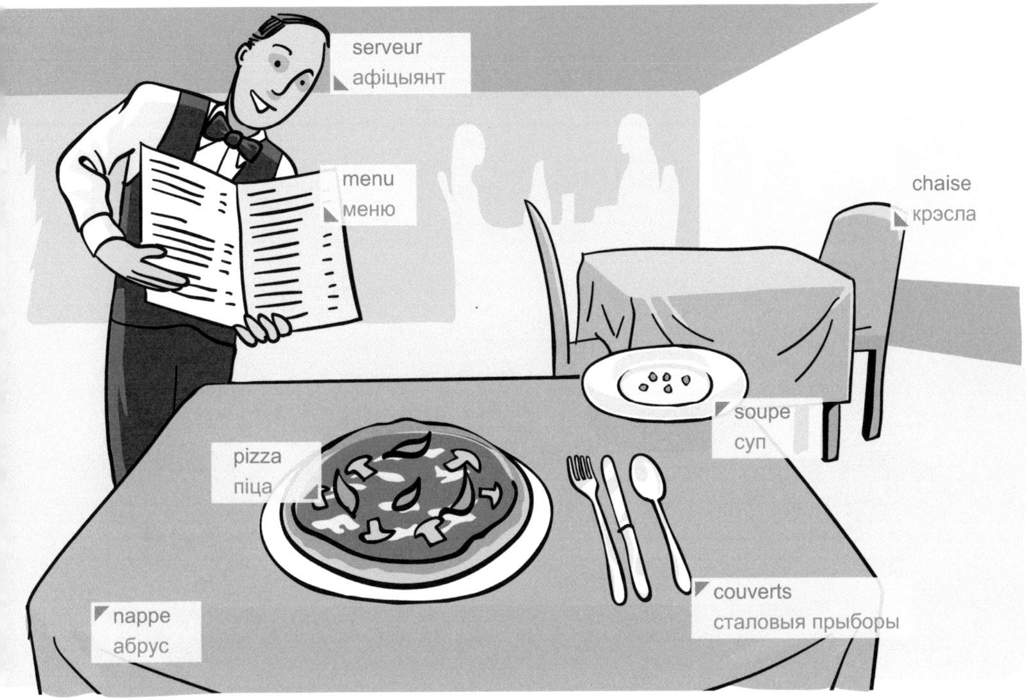
serveur
афіцыянт
menu
меню
chaise
крэсла
soupe
суп
pizza
піца
couverts
сталовыя прыборы
nappe
абрус

hors d'œuvre

закуска

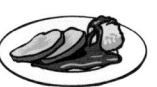

plat principal

другая страва

dessert

дэсерт

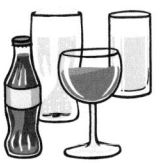

boissons

напоі

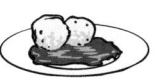

alimentation

ежа

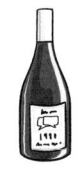

bouteille

бутэлька

fast-food

хуткае харчаванне (фаст-фуд)

plats à emporter

стрыт-фуд

théière

імбрык (чайнік)

sucrier

цукарніца

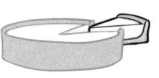

portion

порцыя

machine à expresso

эспрэса-машына

chaise haute

дзіцячае крэселка

facture

рахунак

plateau

паднос

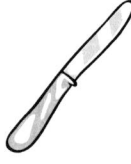

couteau

нож

fourchette

відэлец

cuillère

лыжка

cuillère à thé

чайная лыжка

serviette

сурвэтка

verre

шклянка

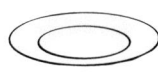

assiette

талерка

assiette à soupe

супавая талерка

soucoupe

сподак

sauce

соус

salière

сальніца

moulin à poivre

млынок для перцу

vinaigre

воцат

huile

алей

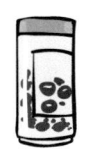

épices

спецыі

ketchup

кетчуп

moutarde

гарчыца

mayonnaise

маянэз

supermarché

супермаркет

offre promotionnelle
акцыя
FOR
client
пакупнік
produits laitiers
малочныя прадукты
fruits
садавіна
chariot
вазок

BUTCHERS

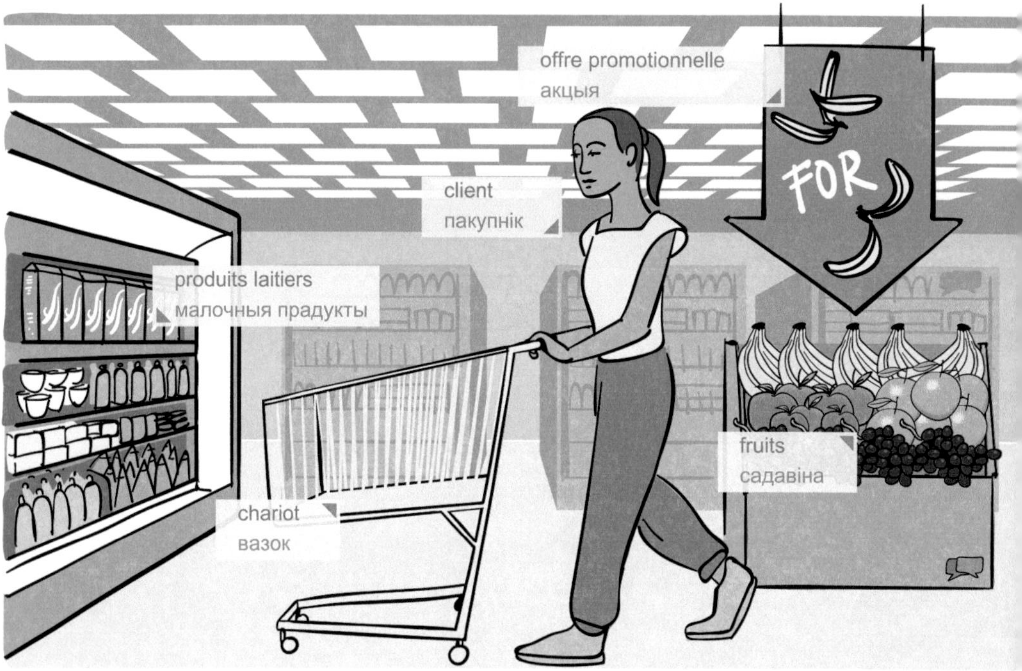

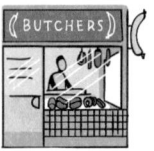

boucherie

мясная крама

BAKERY

boulangerie

хлебны магазін

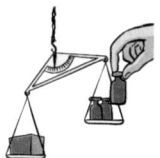

peser

важыць

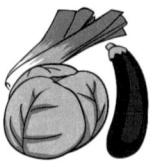

légumes

гароднiна

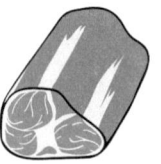

viande

мяса

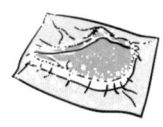

aliments surgelés

свежазамарожаныя прадукты

charcuterie

нарэзка

conserves

кансервы

poudre à lessive

пральны парашок

bonbons

прысмакі

articles ménagers

хатнія прылады

détergents

чысцячы сродак

vendeuse

прадавец

caisse

каса

caissier

касір

liste d'achats

спіс пакупак

heures d'ouverture

гадзіны працы

portefeuille

бумажнік

carte de crédit

крэдытная картка

sac

сумка

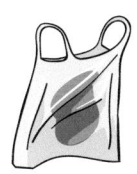

sac en plastique

пакет

eau

вада

jus de fruit

сок

lait

малако

coca

кола

vin

віно

bière

піва

alcool

алкаголь

chocolat chaud

какава

thé

гарбата (чай)

café

кава

expresso

эспрэса

cappuccino

капучына

banane

банан

pomme

яблык

orange

апельсін

melon

дыня

citron

лімон

carotte

морква

ail

часнок

bambou

бамбук

oignon

цыбуля

champignon

грыб

noisettes

арэхі

pâtes

локшына

spaghetti

спагеці

riz

рыс

salade

салата

pommes frites

бульба фры

pommes de terre rôties

смажаная бульба

pizza

піца

hamburger

гамбургер

sandwich

бутэрброд

escalope

шніцаль

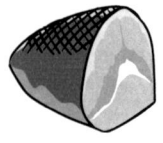

jambon

вяндліна

salami

салямі

saucisse

каўбаса

poulet

курыца

rôti

смажаніна

poisson

рыбак

flocons d'avoine

аўсяныя камякі

muesli

мюслі

cornflakes

кукурузныя шматкі

farine

мука

croissant

круасан

petits-pains

булачка

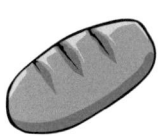

pain

хлеб

pain grillé

тост

biscuits

пячэнне

beurre

масла

le fromage blanc

тварог

gâteau

пірог

œuf

яйка

œuf au plat

яечня

fromage

сыр

glace

марожанае

sucre

цукар

miel

мёд

confiture

варэнне

crème nougat

нуга

curry

кары

ferme
сядзіба

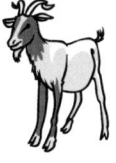

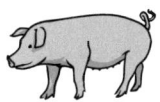

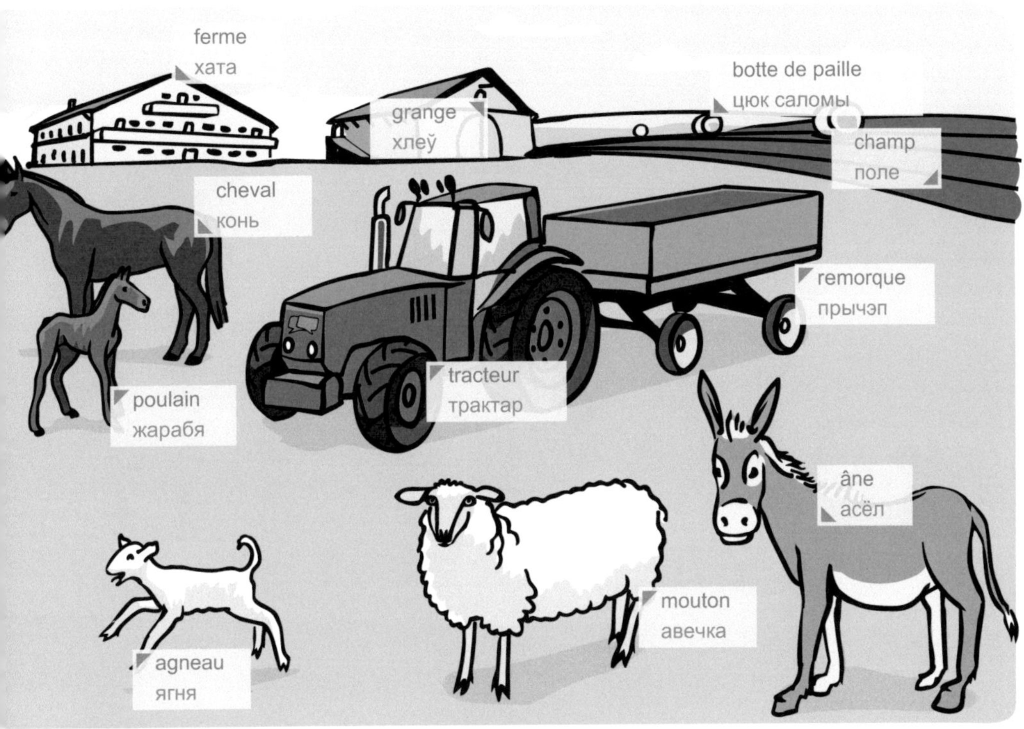
ferme
хата
botte de paille
цюк саломы
grange
хлеў
champ
поле
cheval
конь
remorque
прычэп
tracteur
трактар
poulain
жарабя
âne
асёл
mouton
авечка
agneau
ягня

chèvre

каза

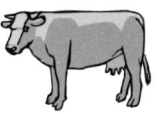

vache

карова

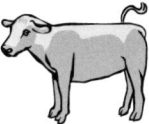

veau

цяля

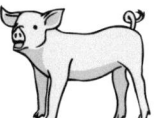

porc

свіння

porcelet

парася

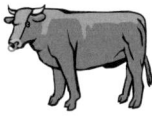

taureau

бык

oie

гусак

canard

качка

poussin

кураня

poule

курыца

coq

певень

rat

пацук

chat

кот

souris

мыш

bœuf

вол

chien

сабака

chenil

сабачая будка

tuyau de jardin

садовы шланг

arrosoir

палівачка

faucheuse

каса

charrue

плуг

faucille

серп

pioche

матыка

fourche

вілы для гною

hache

сякера

brouette

тачка

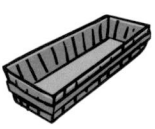

cuve

карыта

pot à lait

бітон для малака

sac

мех

clôture

плот

étable

хлеў

serre

цяпліца

sol

глеба

semences

насенне

engrais

угнаенне

moissonneuse-batteuse

камбайн

récolter

збіраць ураджай

récolte

ураджай

igname

ямс

blé

пшаніца

soja

соя

pomme de terre

бульба

maïs

кукуруза

colza

рапс

arbre fruitier

садовае дрэва

manioc

маніёк

céréales

збожжа

maison

дом

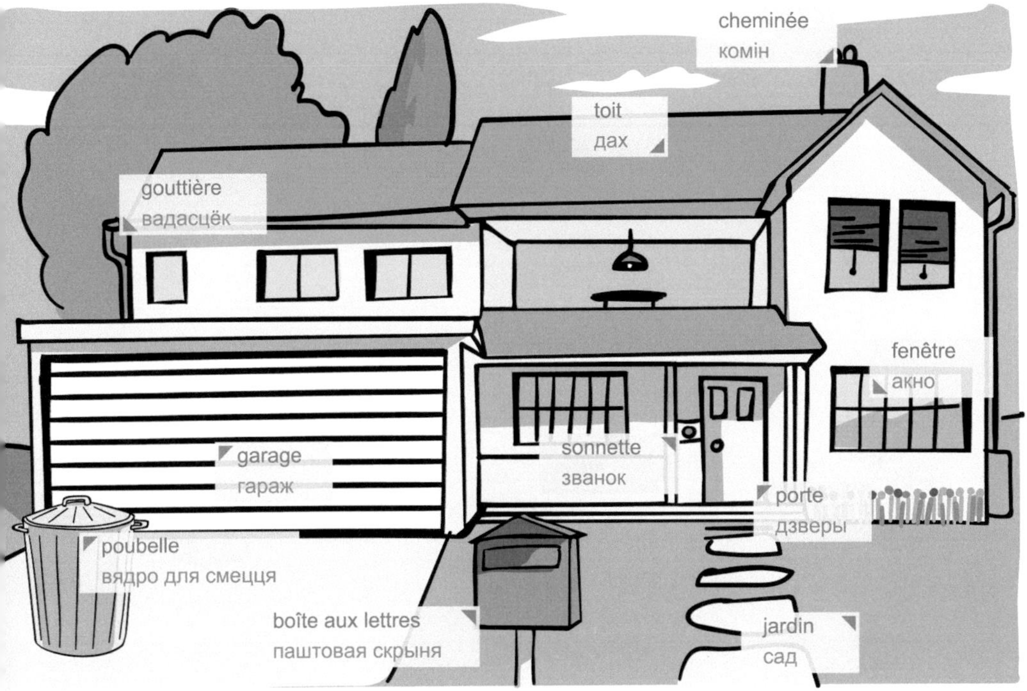

cheminée
комін
toit
дах
gouttière
вадасцёк
fenêtre
акно
garage
гараж
sonnette
званок
porte
дзверы
poubelle
вядро для смецця
boîte aux lettres
паштовая скрыня
jardin
сад

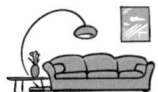

salon

жылы пакой

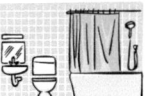

salle de bain

ванная

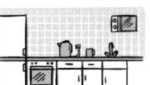

cuisine

кухня

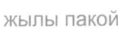

chambre à coucher

спальны пакой

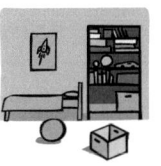

chambre d'enfant

дзіцячы пакой

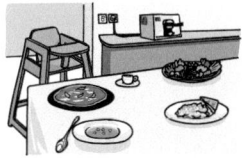

salle à manger

сталоўка

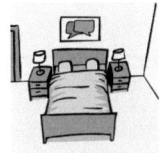

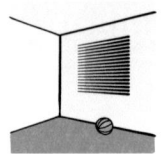

sol

падлога

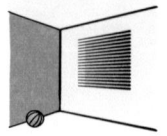

mur

сцяна

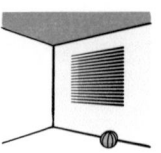

plafond

столь

cave

падвал

sauna

саўна

balcon

балкон

terrasse

тэраса

piscine

басейн

tondeuse à gazon

касілка

housse

падкоўдранік

couette

коўдра

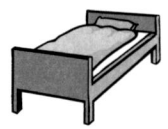

lit

ложак

balai

венік

sceau

вядро

interrupteur

выключальнік

salon

жылы пакой

papier peint
шпалеры
image
малюнак
lampe
лямпа
étagère
паліца
armoire
шафа
télé
тэлевізар
cheminée
камін
fleur
кветка
coussin
падушка
sofa
канапа
vase
ваза
télécommande
пульт

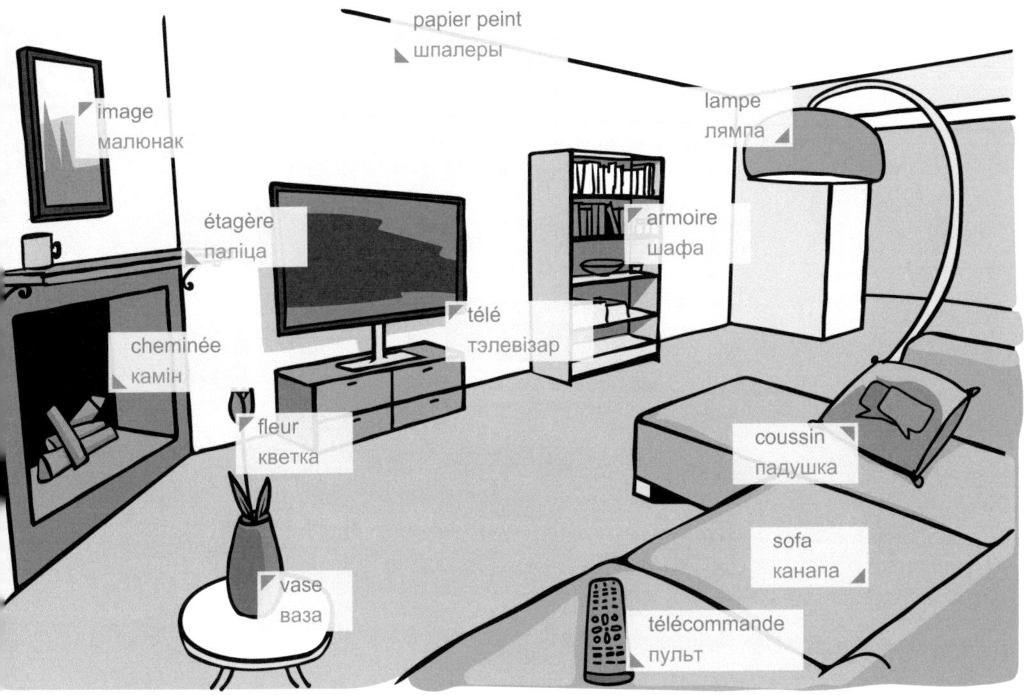

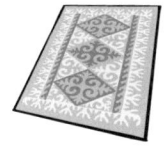

tapis

дыван

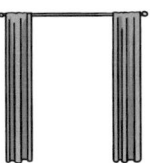

rideau

фіранка

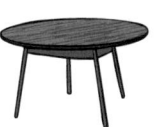

table

стол

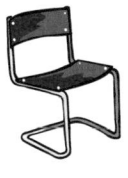

chaise

крэсла

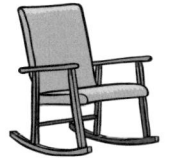

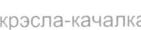

chaise à bascule

крэсла-качалка

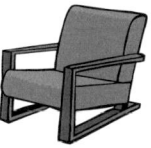

fauteuil

крэсла

livre

кніга

couverture

коўдра

décoration

дэкарацыя

bois de chauffage

дровы

film

кіно

chaîne hi-fi

стэрэасістэма

clé

ключ

journal

газета

peinture

карціна

poster

постар

radio

радыё

bloc-notes

нататнік

aspirateur

пыласос

cactus

кактус

bougie

свечка

cuisine
кухня

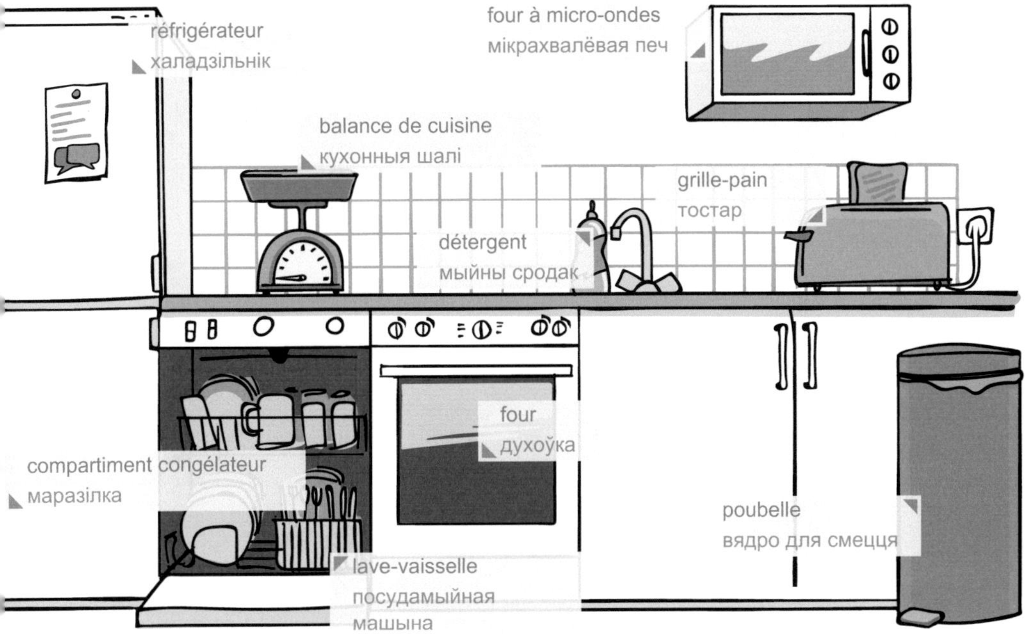

réfrigérateur
халадзільнік
four à micro-ondes
мікрахвалёвая печ
balance de cuisine
кухонныя шалі
grille-pain
тостар
détergent
мыйны сродак
four
духоўка
compartiment congélateur
маразілка
poubelle
вядро для смецця
lave-vaisselle
посудамыйная
машына

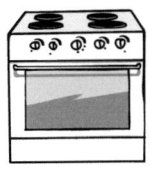

four

пліта

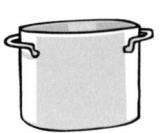

casserole

рондаль

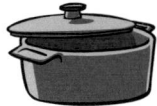

marmite

чыгунок

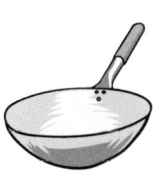

wok / kadai

Вок / кадаі

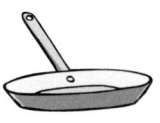

poêle

патэльня

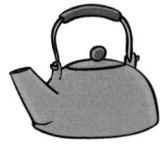

bouilloire electrique

чайнік

cuiseur vapeur

параварка

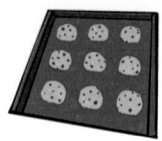

plaque de cuisson

бляха

vaisselle

посуд

gobelet

кубак

coupe

міска

baguettes

палачкі для ежы

louche

чарпак

spatule

лапатачка

fouet

збівалка

passoire

сіта для варэння

tamis

сіта

râpe

тарка

mortier

ступка

barbecue

грыль

cheminée

вогнішча

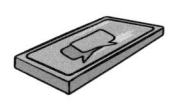

planche à découper

дошка

rouleau à pâtisserie

качалка

tire-bouchon

штопар

boîte

бляшанка

ouvre-boîte

адкрывалка

maniques

прыхваткі

lavabo

ракавіна

brosse

шчотка

éponge

губка

mixeur

міксер

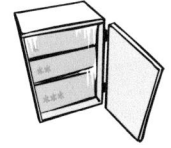

congélateur

маразільная камера

biberon

бутэлечка

robinet

вадаправодны кран

salle de bain

ванная

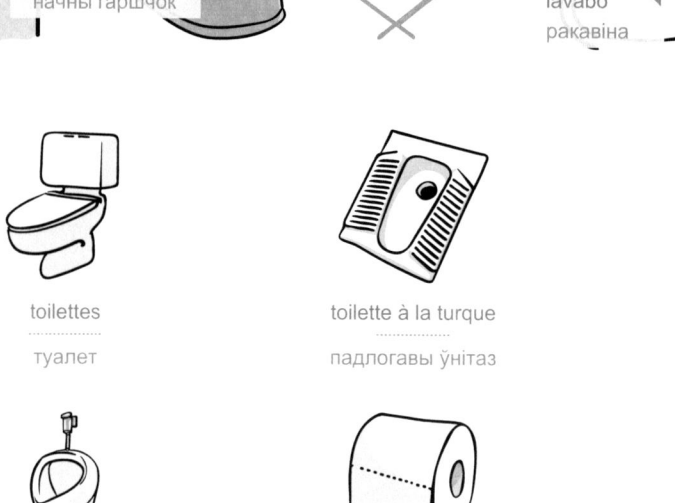

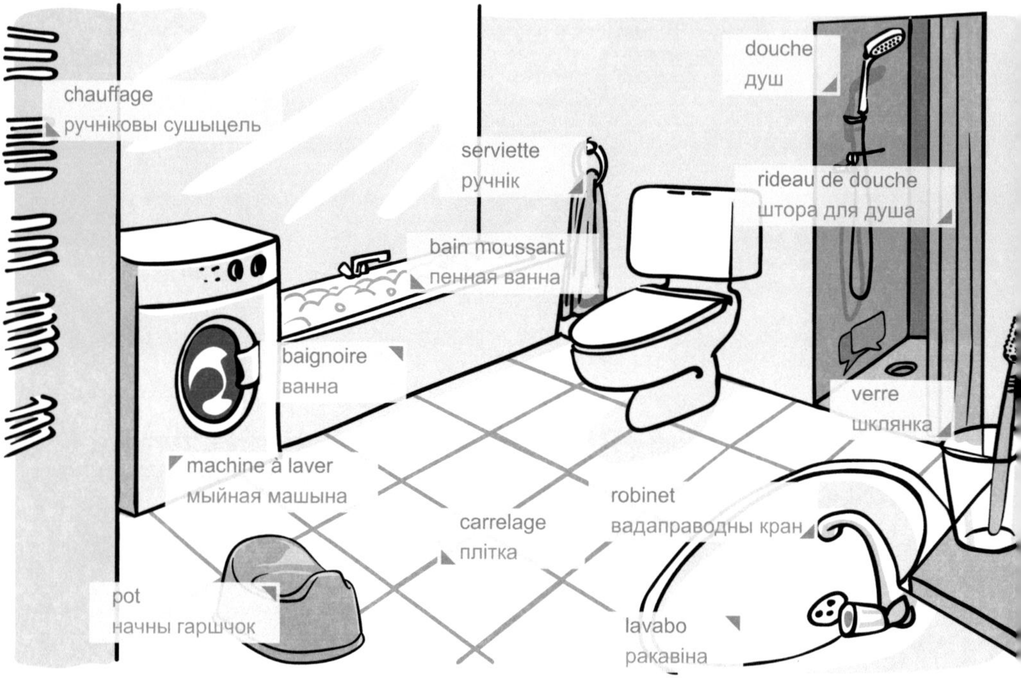
chauffage
ручніковы сушыцель
douche
душ
serviette
ручнік
rideau de douche
штора для душа
bain moussant
пенная ванна
baignoire
ванна
verre
шклянка
machine à laver
мыйная машына
robinet
вадаправодны кран
carrelage
плітка
pot
начны гаршчок
lavabo
ракавіна

toilettes

туалет

toilette à la turque

падлогавы ўнітаз

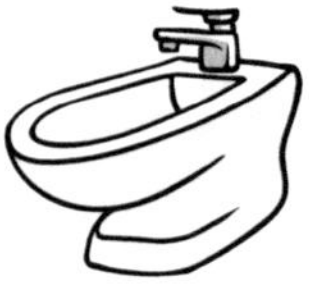

bidet

бідэ

urinoir

пісуар

papier toilette

туалетная папера

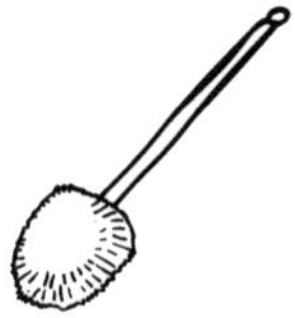

brosse à toilette

шчотка для чысткі ўнітаза

brosse à dents

зубная шчотка

dentifrice

зубная паста

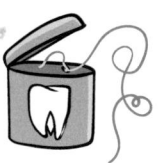

fil dentaire

зубная нітка

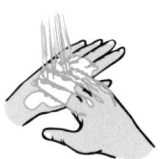

laver

мыць

douche manuelle

ручны душ

douche intime

інтымны душ

vasque

умывальнік

brosse dorsale

шчотка для спіны

savon

мыла

gel douche

гель для душа

shampooing

шампунь

gant de toilette

вяхотка

écoulement

вадасцёк

crème

крэм

déodorant

дэзадарант

miroir

люстэрка

miroir cosmétique

касметычнае люстэрка

rasoir

станок для галення

mousse à raser

пена для галення

après-rasage

ласьён пасля галення

peigne

грэбень

brosse

шчотка

sèche-cheveux

фен

laque pour cheveux

лак для валасоў

fond de teint

касметыка

rouge à lèvres

памада

vernis à ongles

лак для пазногцяў

ouate

вата

coupe-ongles

манікюрныя нажніцы

parfum

духі

trousse de toilette

касметычка

tabouret

табурэтка

pèse-personne

вагі

peignoir

лазневы халат

gants de nettoyage

санітарныя пальчаткі

tampon

тампон

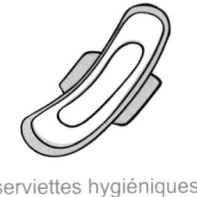

serviettes hygiéniques

гігіенічныя пракладкі

toilette chimique

біятуалет

chambre d'enfant
дзіцячы пакой

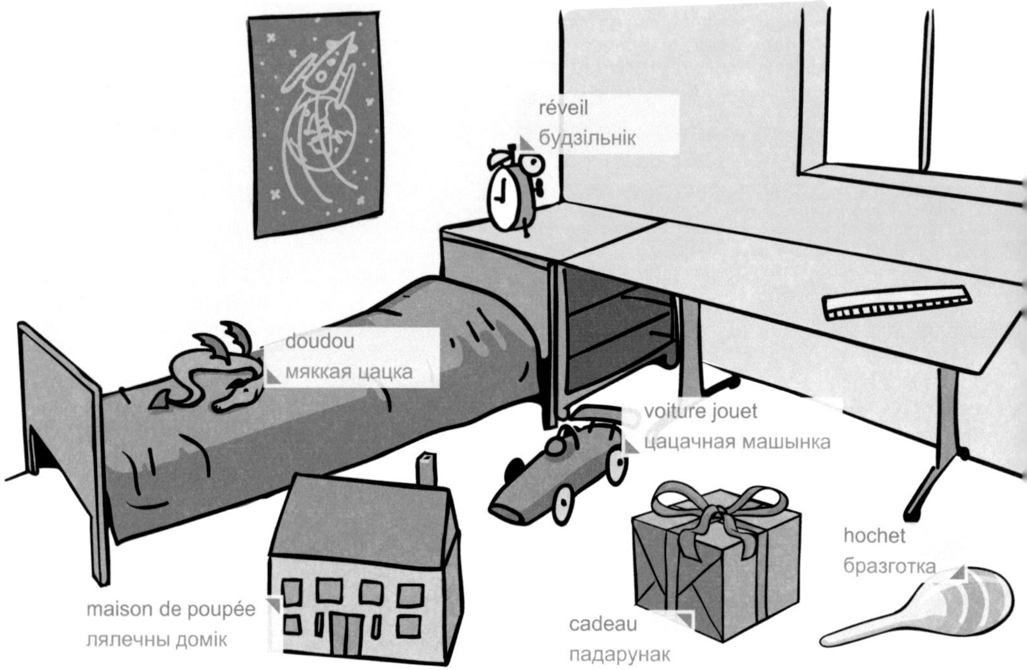
réveil
будзільнік
doudou
мяккая цацка
voiture jouet
цацачная машынка
hochet
бразготка
maison de poupée
лялечны домік
cadeau
падарунак

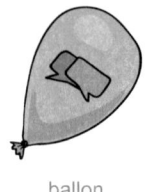

ballon
надзіманы шарык

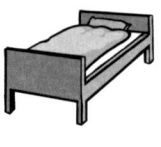

lit
ложак

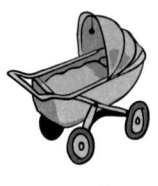

poussette
дзіцячая каляска

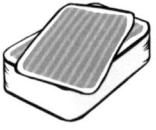

jeu de cartes
калода картаў

puzzle
пазл

SUPER
MEGA

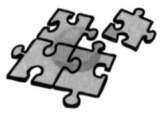

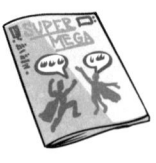

bande dessinée
комікс

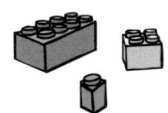

pièces lego

канструктар "Лега"

blocs de construction

канструктар

figurine

экшэн-фігурка

grenouillère

дзіцячы гарнітур

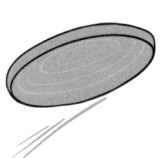

frisbee

фрызбі

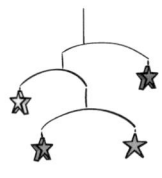

mobile

дзіцячы мабіль

jeu de société

настольная гульня

dé

кубік

train miniature

дзіцячая чыгунка

sucette

пустышка

fête

дзіцячае свята

livre d'images

кніга з малюнкамі

balle

мячык

poupée

лялька

jouer

гуляцца

bac à sable

пясочніца

balançoire

арэлі

jouets

цацкі

console de jeu

гульнявая відэа прыстаўка

tricycle

трохколавы ровар

ours en peluche

плюшавы мішка

armoire

шафа

vêtements

адзенне

chaussettes

шкарпэткі

bas

панчохі

collant

калготкі

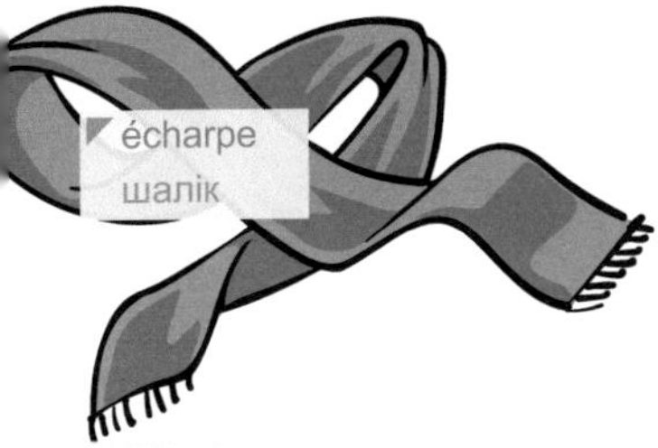

écharpe
шалік

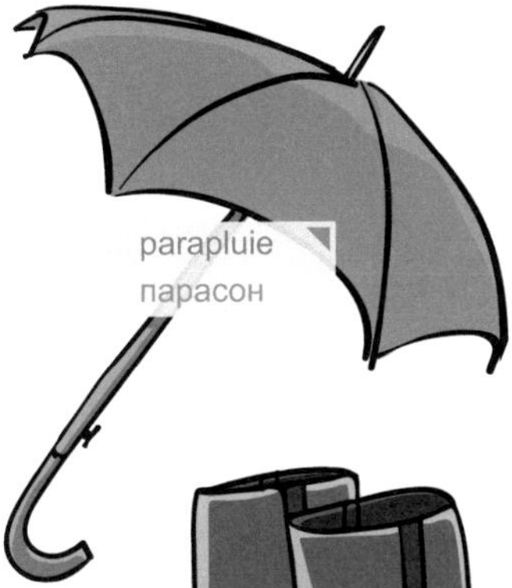

parapluie
парасон

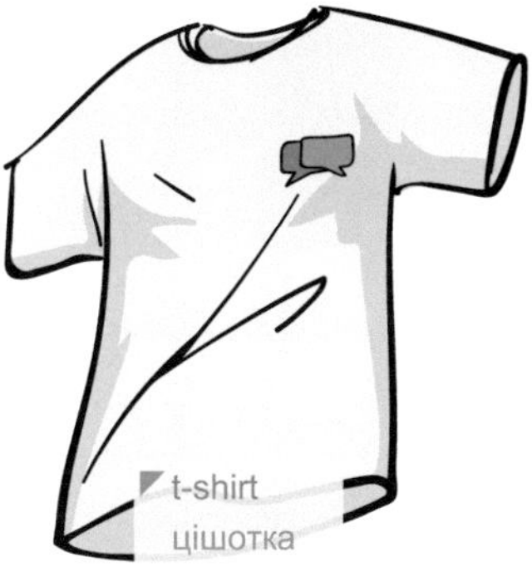

t-shirt
цішотка

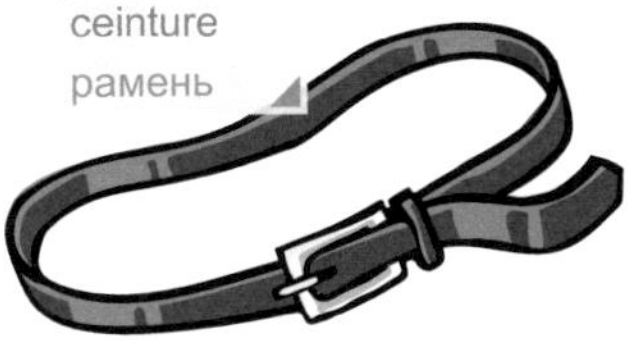

ceinture
рамень

bottes
боты

pantoufles
пантоплі

baskets
красоўкі

sandales

сандалі

chaussures

абутак

bottes de caoutchouc

гумовыя боты

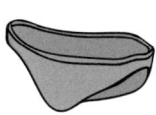

sous-vêtements

трусы

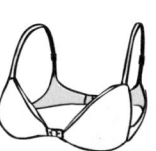

soutien-gorge

бюстгальтар

maillot de corps

майка

body

бодзі

pantalon

штаны

jean

джынсы

jupe

спадніца

chemisier

блузка

chemise

кашуля

pull

джэмпер

sweat à capuche

талстоўка

veste

блэйзер

veste

куртка

manteau

паліто

imperméable

дажджавік

costume

касцюм

robe

сукенка

robe de mariée

вясельная сукенка

costume

касцюм

chemise de nuit

начная сарочка

pyjama

піжама

sari

сары

foulard

хустка

turban

цюрбан

burqa

паранджа

caftan

кафтан

abaya

Абая

maillot de bain

купальнік

maillot de bain

плаўкі

short

шорты

tenue d'entraînement

спартыўны касцюм

tablier

фартух

gants

пальчаткі

bouton

гузік

lunettes

акуляры

bracelet

бранзалет

collier

каралі

bague

кальцо

boucle d'oreille

завушніца

bonnet

кепка

cintre

вешалка

chapeau

капялюш

cravate

гальштук

fermeture éclair

маланка

casque

шлем

bretelles

падцяжкі

uniforme scolaire

школьная форма

uniforme

уніформа

bavoir

нагруднік

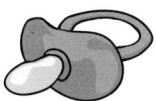

sucette

пустышка

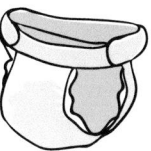

lange

падгузнік

bureau
офіс

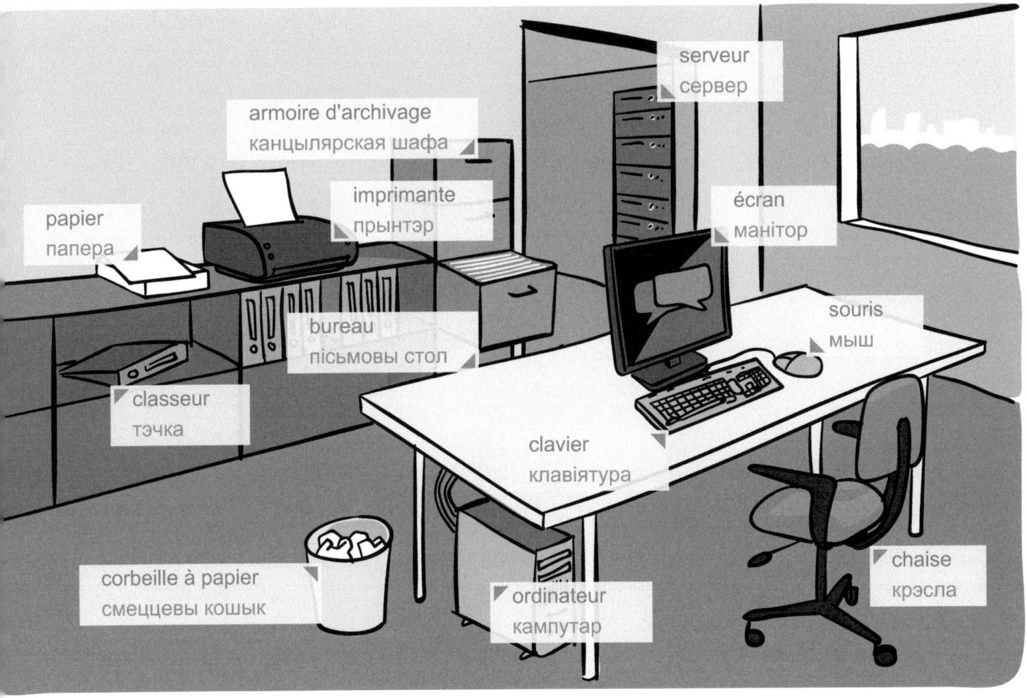

armoire d'archivage
канцылярская шафа

serveur
сервер

imprimante
прынтэр

écran
манітор

papier
папера

souris
мыш

bureau
пісьмовы стол

classeur
тэчка

clavier
клавіятура

corbeille à papier
смеццевы кошык

chaise
крэсла

ordinateur
кампутар

tasse de café

убак для кавы (філіжанка)

calculatrice

калькулятар

internet

інтэрнэт

ordinateur portable

ноўтбук

lettre

ліст

message

паведамленне

portable

мабільны тэлефон

réseau

сетка

photocopieuse

ксеракс

logiciel

праграмнае забеспячэнне

téléphone

тэлефон

prise

разетка

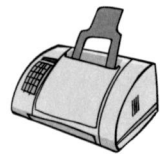

fax

факс

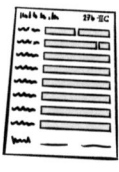

formulaire

фармуляр

document

дакумент

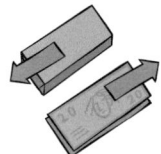

acheter

купляць

payer

плаціць

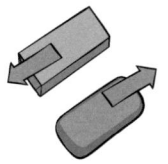

faire du commerce

гандляваць

monnaie

грошы

 **USD**

dollar

долар

 **EUR**

euro

еўра

 **JPY**

yen

ена

 **RUB**

rouble

рубель

 **CHF**

franc suisse

франк

 **CNY**

renminbi yuan

кітайскі юань

 **INR**

roupie

рупія

distributeur automatique

банкамат

bureau de change

абменны пункт

or

золата

argent

срэбра

pétrole

нафта

énergie

энергія

prix

цана

contrat

кантракт

taxe

падатак

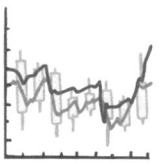

action

акцыя

travailler

працаваць

employé

служачы

employeur

працадаўца

usine

фабрыка

magasin

крама

professions
прафесіі

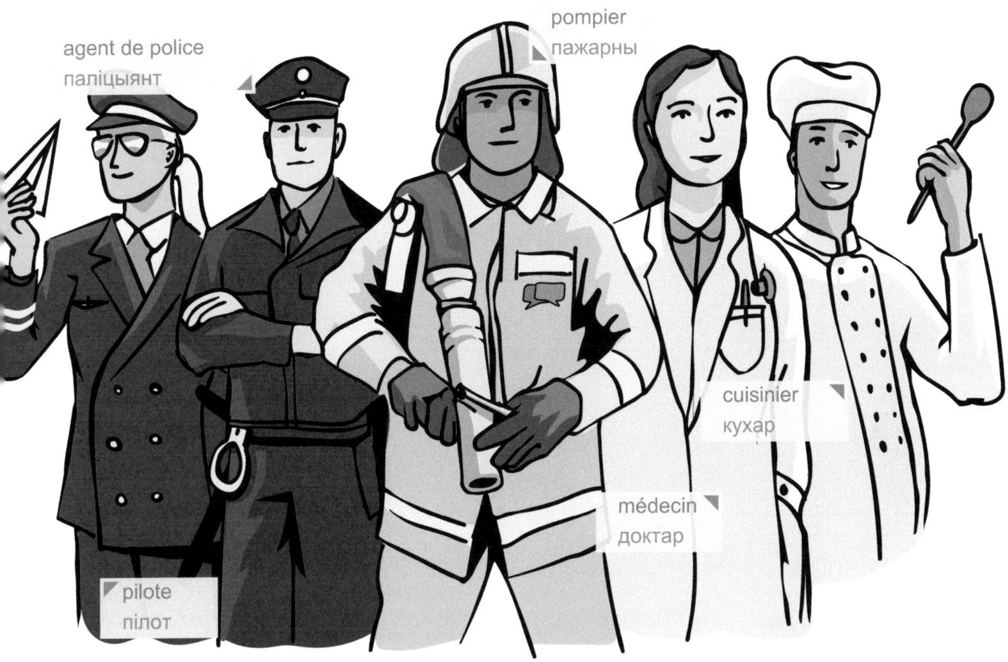
agent de police
паліцыянт
pompier
пажарны
cuisinier
кухар
médecin
доктар
pilote
пілот

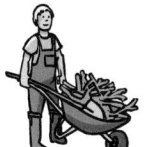

jardinier

садоўнік

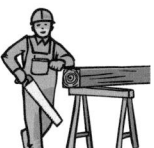

menuisier

слесар

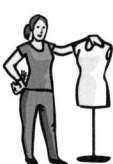

couturière

швачка

juge

суддзя

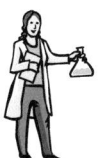

chimiste

хімік

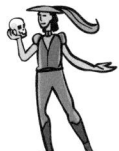

acteur

артыст

conducteur de bus

кіроўца аўтобуса

chauffeur de taxi

таксіст

pêcheur

рыбак

femme de ménage

прыбіральшчыца

couvreur

страхар

serveur

афіцыянт

chasseur

паляўнічы

peintre

мастак

boulanger

пекар

électricien

электрык

ouvrier

будаўнік

ingénieur

інжынер

boucher

мяснік

plombier

сантэхнік

facteur

паштальён

soldat

салдат

architecte

архітэктар

caissier

касір

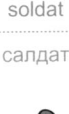

fleuriste

фларыст

coiffeur

цырульнік

contrôleur

кандуктар

mécanicien

механік

capitaine

капітан

dentiste

стаматолаг

scientifique

вучоны

rabbin

рабін

imam

імам

moine

манах

prêtre

святар

outils

інструменты

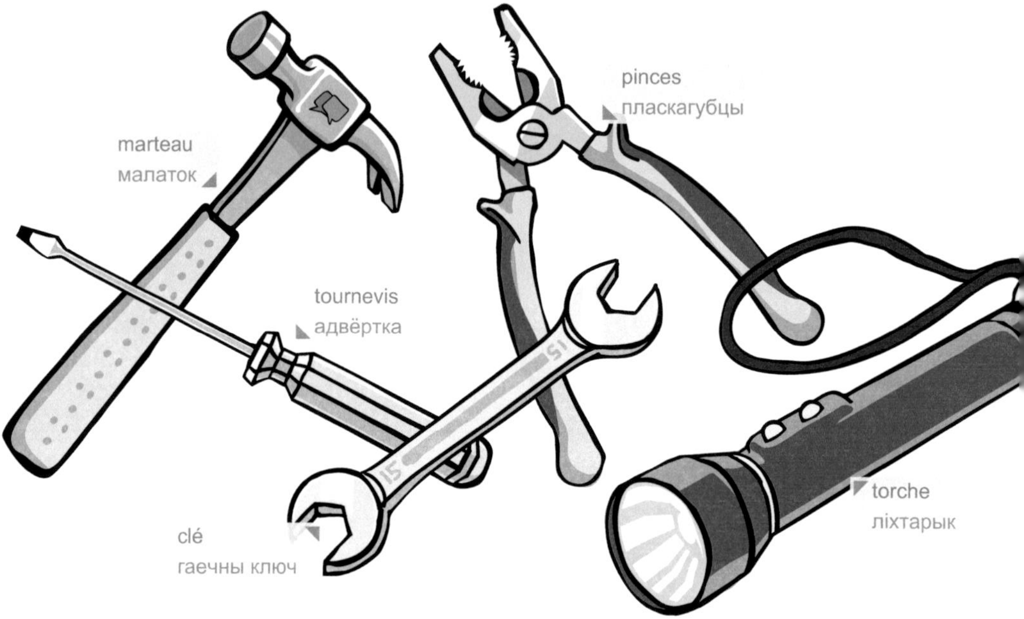

pinces
пласкагубцы
marteau
малаток
tournevis
адвёртка
torche
ліхтарык
clé
гаечны ключ

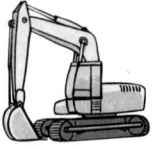

pelleteuse

экскаватар

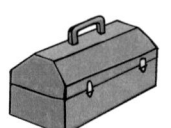

boîte à outils

скрыня для інструментаў

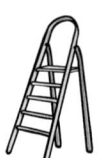

échelle

дравіны

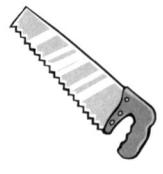

scie

піла

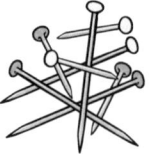

clous

цвікі

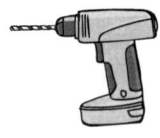

perceuse

дрыль

réparer

рамантаваць

pelle

рыдлеўка

Mince !

Халера!

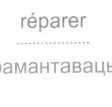

pelle

шуфлік для смецця

pot de peinture

вядро з фарбаю

vis

балты

instruments de musique
музычныя інструменты

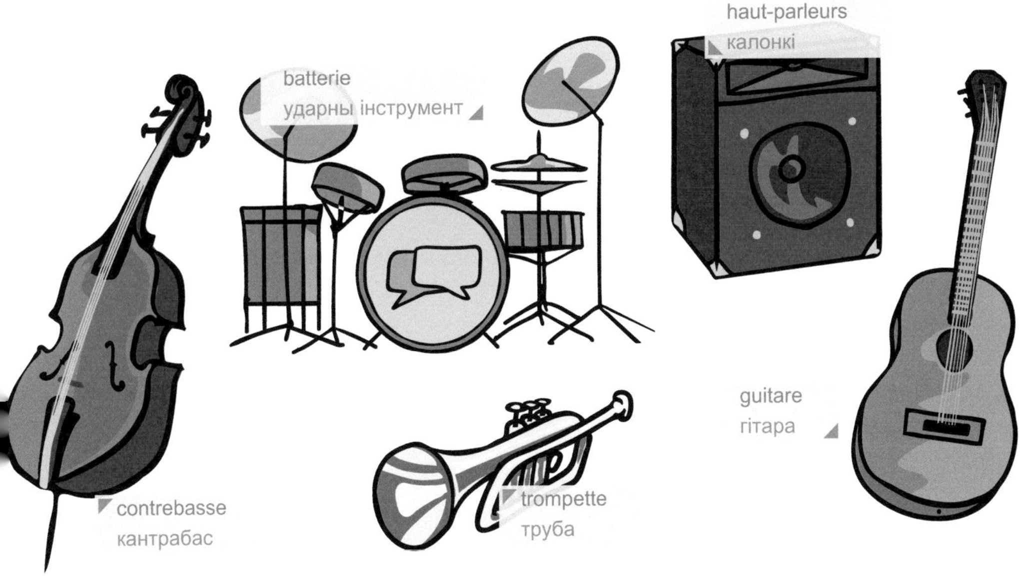

batterie

ударны інструмент

haut-parleurs

калонкі

guitare

гітара

contrebasse

кантрабас

trompette

труба

piano

піяніна

violon

скрыпка

basse

басгітара

timbales

літаўры

tambour

барабан

piano électrique

клавішны электрамузычны інструмент

saxophone

саксафон

flûte

флейта

microphone

мікрафон

zoo

заапарк

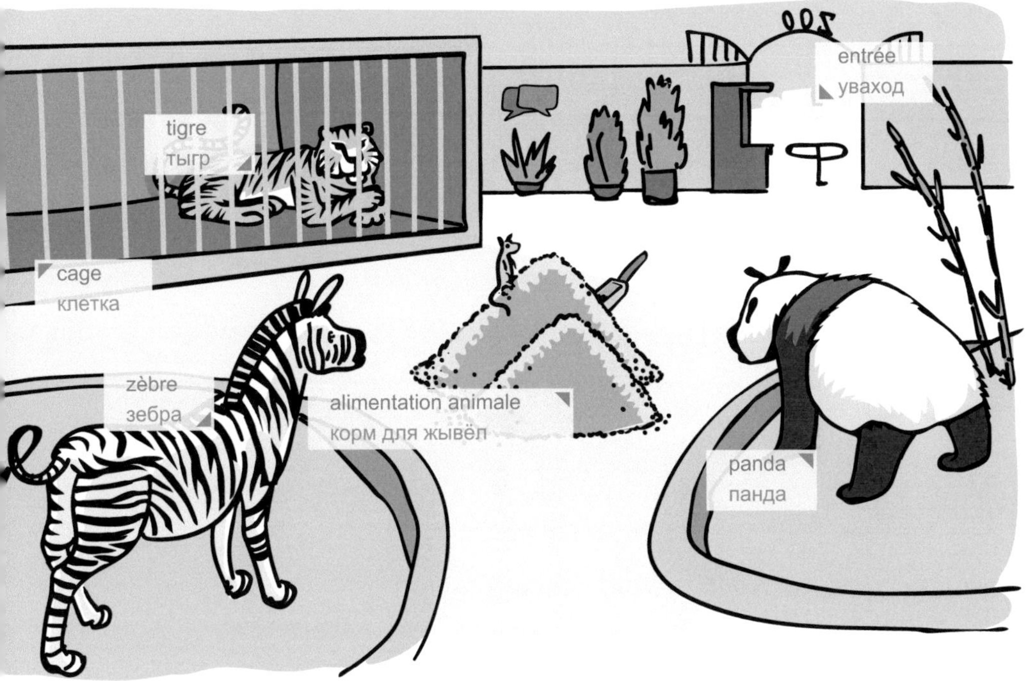
entrée
уваход
tigre
тыгр
cage
клетка
zèbre
зебра
alimentation animale
корм для жывёл
panda
панда

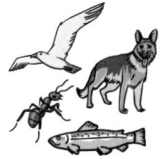

animaux

жывёлы

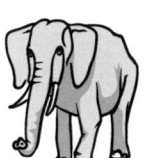

éléphant

слон

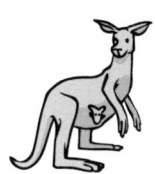

kangourou

кенгуру

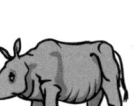

rhinocéros

насарог

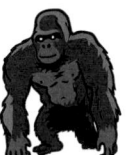

gorille

гарыла

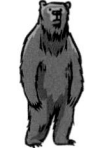

ours

мядзведзь

chameau

вярблюд

autruche

стравус

lion

леў

singe

малпа

flamand rose

фламінга

perroquet

папугай

ours polaire

белы мядзведзь

pingouin

пінгвін

requin

акула

paon

паўлін

serpent

змяя

crocodile

кракадзіл

gardien de zoo

наглядчык заапарка

phoque

цюлень

jaguar

ягуар

poney

поні

léopard

леапард

hippopotame

бегемот

girafe

жыраф

aigle

арол

sanglier

дзік

poisson

рыбак

tortue

чарапаха

morse

морж

renard

ліса

gazelle

газель

american Football
амерыканскі футбол

cyclisme
веласпорт

tennis
тэніс

basket-ball
баскетбол

natation
плаванне

boxe
бокс

hockey sur glace
хакей з шайбай

football
футбол

badminton
бадмінтон

athlétisme
лёгкая атлетыка

handball
гандбол

ski
горныя лыжы

polo
пола

sauter
скакаць

embrasser
абдымаць

rire
смяяцца

marcher
ісці

chanter
спяваць

rêver
марыць

prier
маліцца

faire la bise
цалаваць

écrire
пісаць

dessiner
маляваць

montrer
паказваць

pousser
націснуць

donner
даваць

prendre
браць

avoir

мець

faire

выконваць

être

быць

être debout

стаяць

courir

бегчы

trier

цягнуць

jeter

кідаць

tomber

падаць

être couché

ляжаць

attendre

чакаць

porter

насіць

être assis

сядзець

s'habiller

апранацца

dormir

спаць

se réveiller

прачынацца

regarder

глядзець

pleurer

плакаць

caresser

лашчыць

peigner

прычэсвацца

parler

гаварыць

comprendre

разумець

demander

пытаць

écouter

чуць

boire

піць

manger

есці

ranger

прыбіраць

aimer

кахаць

cuire

гатаваць

conduire

ехаць

voler

лятаць

faire de la voile

плаваць пад ветразем

calculer

лічыць

lire

чытаць

apprendre

вучыць

travailler

працаваць

se marier

уступаць у шлюб

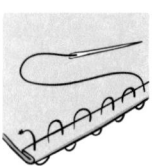

coudre

шыць

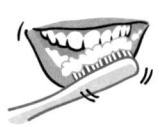

brosser les dents

чысціць зубы

tuer

забіваць

fumer

курыць

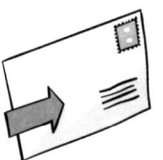

envoyer

пасылаць

grand-mère
бабуля

grand-père
дзядуля

père
бацька

mère
маці

bébé
дзіця

fille
дачка

fils
сын

hôte

госць

tante

цётка

oncle

дзядзька

frère

брат

sœur

сястра

corps

цела

front
лоб
œil
вока
visage
твар
menton
падбародак
doigt
палец
main
рука
épaule
плячо
poitrine
грудзі
bras
рука
jambe
нага

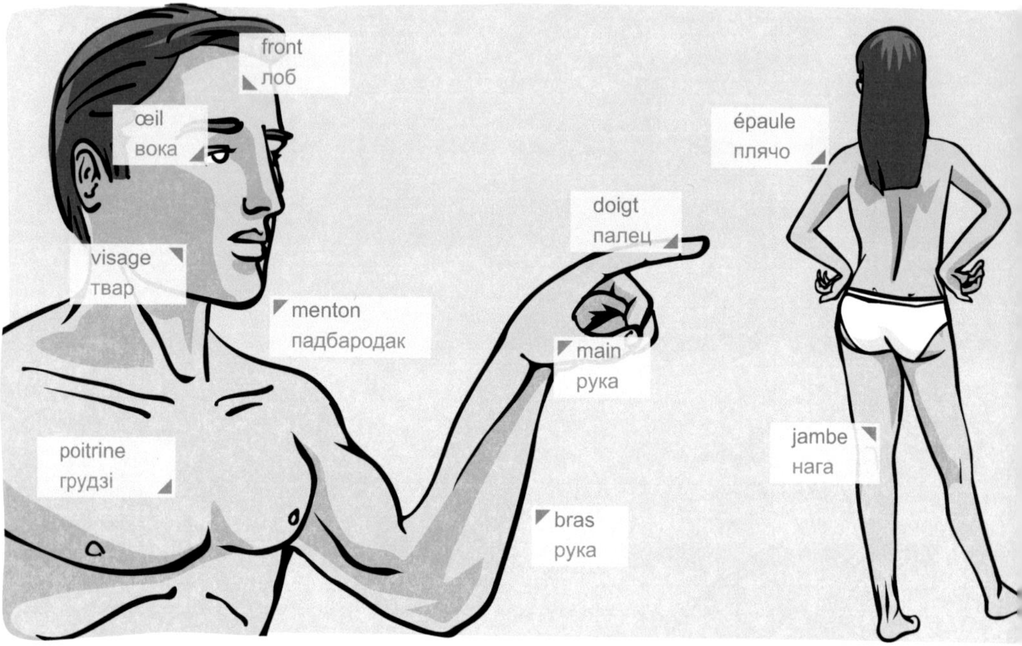

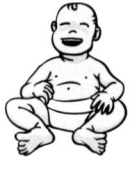

bébé

дзіця

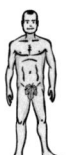

homme

мужчына

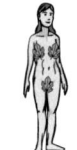

femme

жанчына

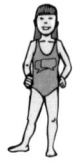

fille

дзяўчынка

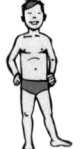

garçon

хлопчык

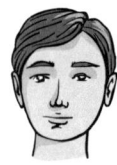

tête

галава

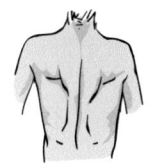

dos

спіна

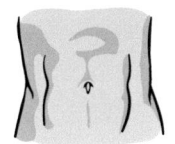

ventre

жывот

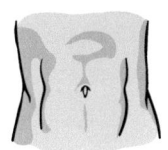

nombril

пуп

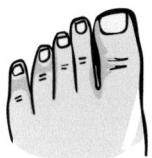

orteil

палец нагі

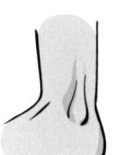

talon

пятка

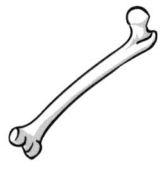

os

костка

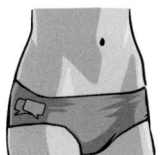

hanche

бядро

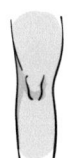

genou

калена

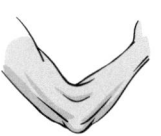

coude

локаць

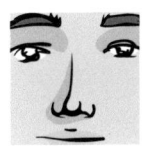

nez

нос

fesses

ягадзіца

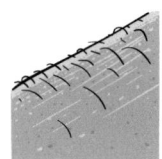

peau

скура

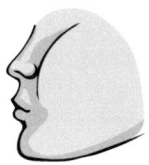

joue

шчака

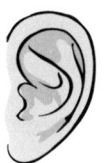

oreille

вуха

lèvre

губа

bouche

рот

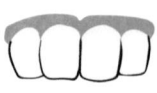

dent

зуб

langue

язык

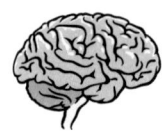

cerveau

галаўны мозг

cœur

сэрца

muscle

мышца

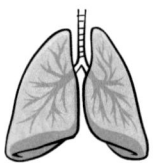

poumons

лёгкае

foie

пячонка

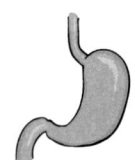

estomac

страўнік

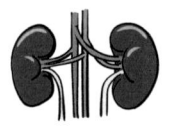

reins

ныркі

rapport sexuel

сэкс

préservatif

прэзерватыў

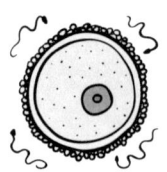

ovule

яйцаклетка

sperme

сперма

grossesse

цяжарнасць

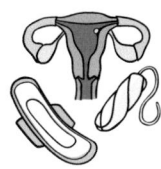

menstruation

менструацыя

vagin

похва

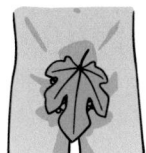

pénis

пеніс

sourcil

брыво

cheveux

валасы

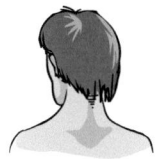

cou

шыя

hôpital

шпіталь

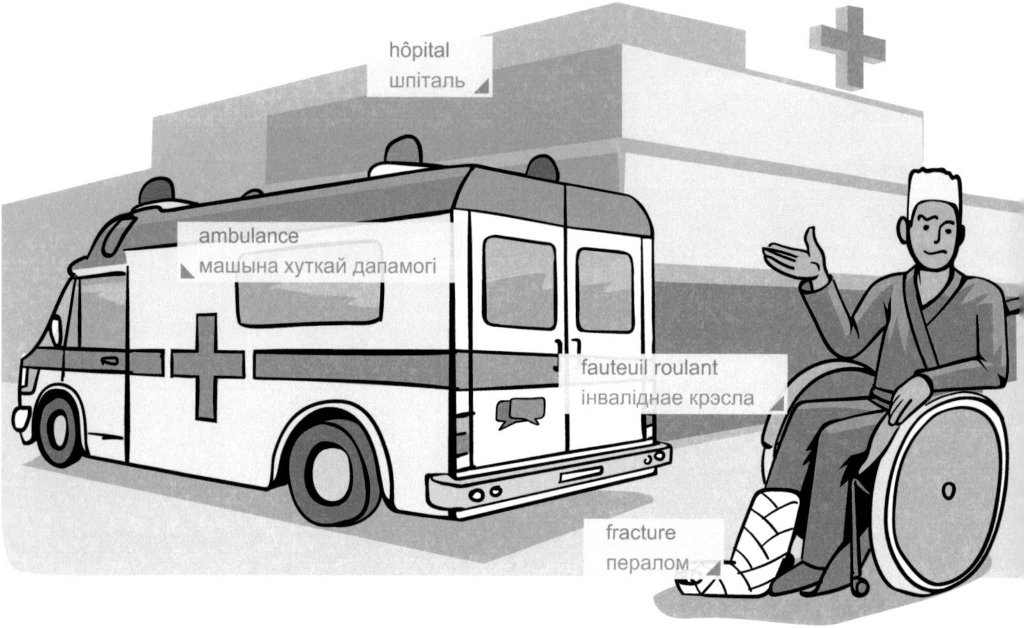

hôpital
шпіталь
ambulance
машына хуткай дапамогі
fauteuil roulant
інваліднае крэсла
fracture
пералом

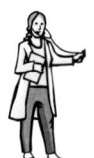

médecin

доктар

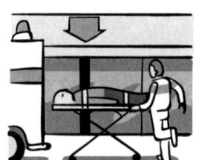

service des urgences

аддзяленне першай дапамогі

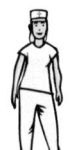

infirmière

медсястра

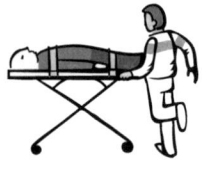

urgence

экстраная дапамога

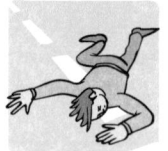

inconscient

непрытомны

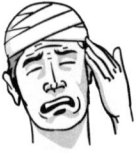

douleur

боль

blessure

траўма

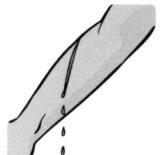

hémorragie

крывацёк

crise cardiaque

інфаркт

attaque cérébrale

апаплексія

allergie

алергія

toux

кашаль

fièvre

гарачка

grippe

грып

diarrhée

панос

mal de tête

галаўны боль

cancer

рак

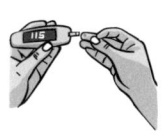

diabète

дыябет

chirurgien

хірург

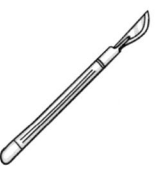

scalpel

скальпель

opération

аперацыя

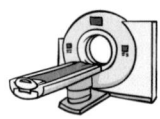

CT

КТ

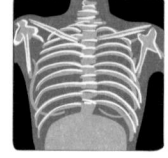

radiographie

рэнтген

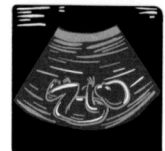

échographie

ультрагук

masque

маска

maladie

хвароба

salle d'attente

пачакальня

béquille

мыліца

pansement

пластыр

pansement

бінт

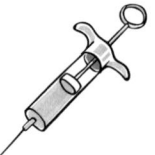

injection

ін'екцыя

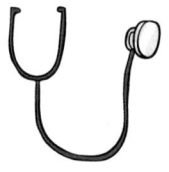

stéthoscope

стэтаскоп

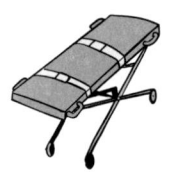

brancard

насілкі

thermomètre

градуснік

accouchement

нараджэнне

surcharge pondérale

лішняя вага

hôpital - шпіталь

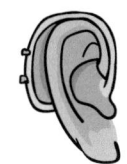

appareil auditif

слухавы апарат

désinfectant

дэзінфекцыйны сродак

infection

інфекцыя

virus

вірус

VIH / sida

ВІЧ/СНІД

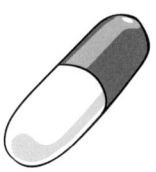

médicament

лекі

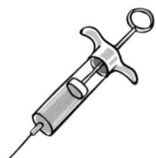

vaccination

прышчэпка

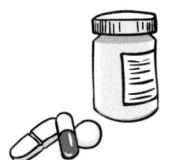

comprimés

таблеткі

pilule

супрацьзачаткавая таблетка

appel d'urgence

экстраны выклік

tensiomètre

танометр

malade / sain

хворы / здаровы

Au secours !

Ратуйце!

alarme

сігналізацыя

assaut

напад

attaque

атака

danger

небяспека

sortie de secours

аварыйны выхад

Au feu!

Пажар!

extincteur

вогнетушыцель

accident

аварыя

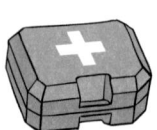

trousse de premier secours

аптэчка

SOS

СОС

police

паліцыя

Europe

Еўропа

Amérique du Nord

Паўночная Амерыка

Amérique du Sud

Паўднёвая Амерыка

Afrique

Афрыка

Asie

Азія

Australie

Аўстралія

Océan atlantique

Атлантычны акіян

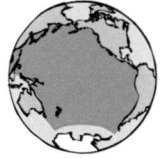

Océan pacifique

Ціхі акіян

Océan indien

Індыйскі акіян

Océan antarctique

Паўднёвы ледавіты акіян

Océan arctique

Паўночны ледавіты акіян

pôle nord

Паўночны полюс

pôle sud

Паўднёвы полюс

Antarctique

Антарктыда

terre

Зямля

pays

краіна

mer

мора

île

востраў

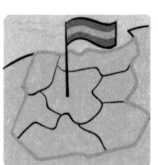

nation

нацыя

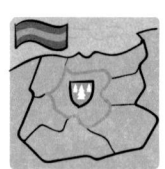

état

дзяржава

cadran

цыферблат

aiguille des heures

гадзінная стрэлка

aiguille des minutes

хвілінная стрэлка

aiguille des secondes

секундная стрэлка

Quelle heure est-il ?

Колькі часу?

jour

дзень

temps

час

maintenant

зараз

montre digitale

электронны гадзіннік

minute

хвіліна

heure

гадзіна

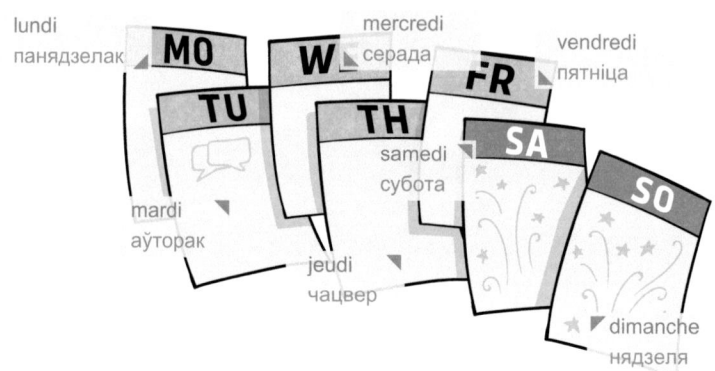

lundi
панядзелак

mercredi
серада

vendredi
пятніца

mardi
аўторак

samedi
субота

jeudi
чацвер

dimanche
нядзеля

hier

ўчора

aujourd'hui

сёння

demain

заўтра

matin

раніца

midi

абед

soir

вечар

jours ouvrables

працоўныя дні

week-end

выхадныя

pluie
дождж

arc-en-ciel
вясёлка

neige
снег

vent
вецер

printemps
вясна

automne
восень

été
лета

hiver
зіма

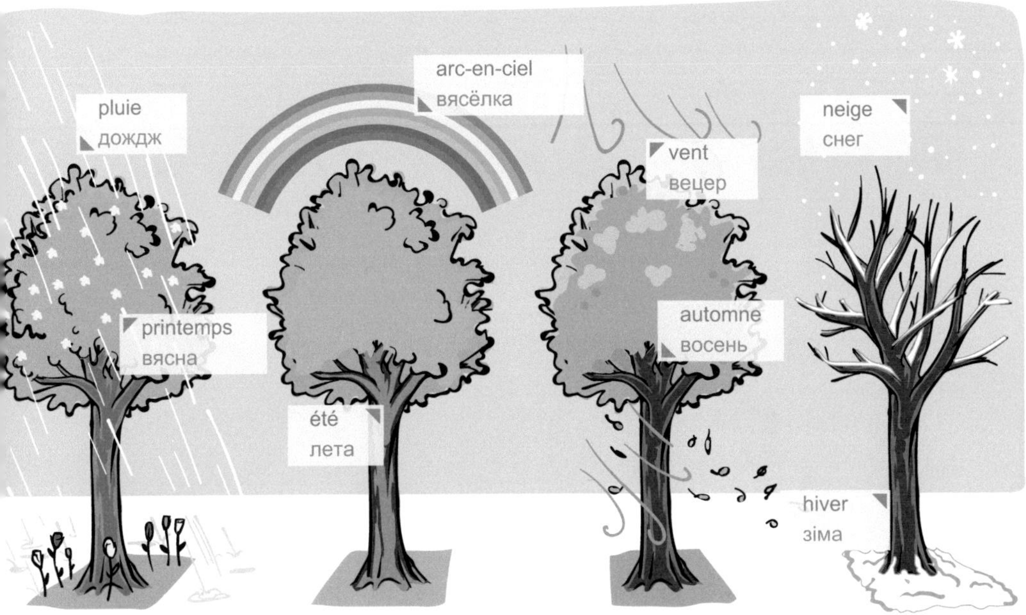

météo

прагноз надвор'я

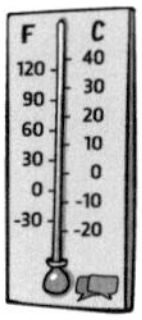

thermomètre

градуснік

lumière du soleil

сонечнае святло

nuage

воблака

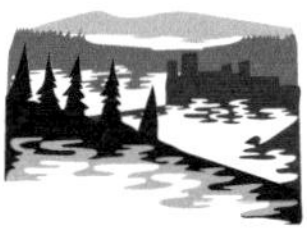

brouillard

туман

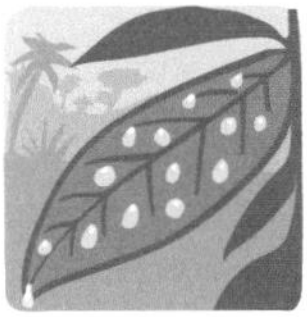

humidité

вільготнасць паветра

foudre

маланка

tonnerre

гром

tempête

бура

grêle

град

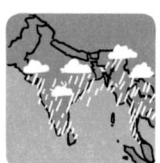

mousson

мусонны вецер

inondation

прыліў

glace

лёд

janvier

студзень

février

люты

mars

сакавік

avril

красавік

mai

май

juin

чэрвень

juillet

ліпень

août

жнівень

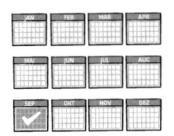

septembre

верасень

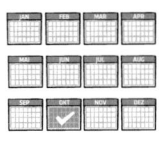

octobre

кастрычнік

novembre

лістапад

décembre

снежань

formes
формы

cercle

круг

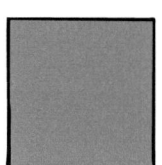

carré

квадрат

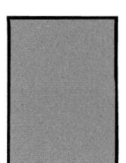

rectangle

прамавугольнік

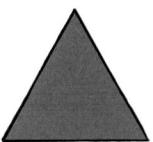

triangle

трохвугольнік

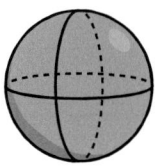

sphère

шар

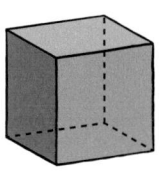

cube

куб

couleurs

колеры

blanc

белы

jaune

жоўты

orange

аранжавы

rose

ружовы

rouge

чырвоны

violet

фіялетавы

bleu

сіні

vert

зялёны

marron

карычневы

gris

шэры

noir

чорны

beaucoup / peu

шмат / мала

fâché / calme

злы / добры

joli / laid

прыгожы / брыдкі

début / fin

пачатак / канец

grand / petit

высокі / малы

clair / obscure

светлы / цёмны

frère / soeur

сястра / брат

propre / sale

чысты / брудны

complet / incomplet

поўны / няпоўны

jour / nuit

дзень / ноч

mort / vivant

мёртвы / жывы

large / étroit

шырокі / вузкі

comestible / incomestible

ядомы / неядомы

méchant / gentil

злы / добры

excité / ennuyé

узбуджаны / нудны

gros / mince

тоўсты / тонкі

premier / dernier

першы / апошні

ami / ennemi

сябар / вораг

plein / vide

поўны / пусты

dur / souple

цвёрды / мяккі

lourd / léger

важкі / лёгкі

faim / soif

голад / смага

malade / sain

хворы / здаровы

illégal / légal

нелегальны / легальны

intelligent / stupide

разумны / дурны

gauche / droite

левы / правы

proche / loin

побач / далёка

nouveau / usé

ювы / былы ва ўжыванні

rien / quelque chose

нічога / нешта

vieux / jeune

стары / малады

marche / arrêt

укл / выкл

ouvert / fermé

адчынены / зачынены

faible / fort

ціхі / гучны

riche / pauvre

багаты / бедны

correct / incorrect

правільна / няправільна

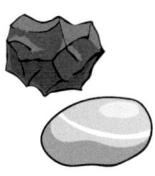

rugueux / lisse

шурпаты / гладкі

triste / heureux

сумны / шчаслівы

court / long

кароткі / доўгі

lent / rapide

павольны / хуткі

mouillé / sec

вільготны / сухі

chaud / froid

цёплы / халаднаваты

guerre / paix

вайна / мір

0

zéro

нуль

1

un / une

адзін

2

deux

два

3

trois

тры

4

quatre

чатыры

5

cinq

пяць

6

six

шэсць

7

sept

сем

8

huit

восем

9

neuf

дзевяць

10

dix

дзесяць

11

onze

адзінаццаць

12

douze

дванаццаць

13

treize

трынаццаць

14

quatorze

чатырнаццаць

15

quinze

пятнаццаць

16

seize

шаснаццаць

17

dix-sept

сямнаццаць

18

dix-huit

васямнаццаць

19

dix-neuf

дзевятнаццаць

20

vingt

дваццаць

100

cent

сто

1.000

mille

тысяча

1.000.000

million

мільён

nombres - лічбы

anglais

англійская

anglais américain

англійская (Амерыка)

chinois mandarin

кітайская мандарынская

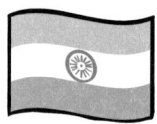

hindi

хіндзі

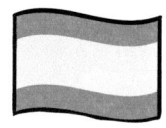

espagnol

іспанская

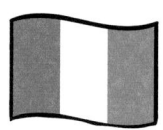

français

французская

arabe

арабская

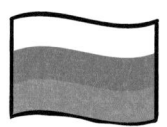

russe

руская

portugais

партугальская

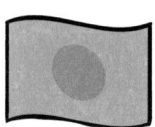

bengali

бенгальская

allemand

нямецкая

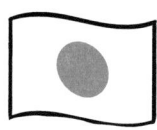

japonais

японская

je

я

tu

ты

il / elle / ce, c', cela

ён / яна / яно

nous

мы

vous

вы

ils / elles

яны

Qui ?

хто?

Quoi ?

што?

Comment ?

як?

Où ?

дзе?

Quand ?

калі?

nom

імя

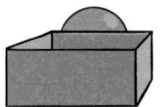

derrière

за

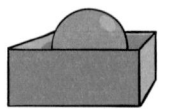

dans

у

devant

перад

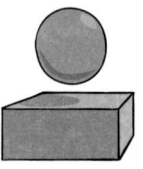

au-dessus

над

sur

на

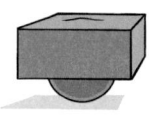

en-dessous

пад

à côté de

каля

entre

паміж

lieu

месца